Martin Agricola

Deutsche Musika und Gesangbüchlein

Martin Agricola

Deutsche Musika und Gesangbüchlein

ISBN/EAN: 9783743424388

Hergestellt in Europa, USA, Kanada, Australien, Japan

Cover: Foto ©Thomas Meinert / pixelio.de

Manufactured and distributed by brebook publishing software (www.brebook.com)

Martin Agricola

Deutsche Musika und Gesangbüchlein

Deutsche Musica vnd Gesangbüchlin/

der Sontags Euangelien/ artig zu singen/ Für die Schulkinder/ kneblein vnd megdlein/ Etwa in Deutsche reim verfasset/

Durch.
Martinum Agricolam.

Jetzund auffs fleissigest mit schönen gesengen vnnd gebetlin zugericht.

Durch.
Wolffgangum Figulum.

Anno. M. D. LXIII.

An den Verechter dieses Büchlins.

Du Spötter laß es vnueracht/
Biß du hast ein bessers gemacht.
Als denn denck noch in deinem mut:
Ey/er hats ja auch gemeint gut.
Srumb ein Exempel geb ich dir/
Das du also magst folgen mir.

Exemplum dedi uobis.

Dem Erbarn Jüngling Hieronymo/des Erbarn/Ersamen vnd Hochweysen Herrn Hieronymi Lotter Bürgermeyster zu Leyptzig Son.

Gottes Gnade vnd Segen durch Jhesum Christum/ꝛc.

ES wirdt die Musica vnter den andern freien Künsten für die Elteste geacht / dieweyl man der schrifft zeugniß hat/ Genesis am 4. Capitel / das sie bey den Eltesten im brauch vnnd vbung gewest ist / vnnd viel Exempel der heyligen Schrifft zeygen an das die kunst Musica bey den Eltesten herrlich vnnd inn grossen ehren ist gehalten worden / denn sie haben Musicam nicht zu leichtfertigen/vnd göttlichen dingen mißbraucht/Sondern allein jhren Gottesdienst/ der

A ij   bey

bey jhnen hertzlich vnd ansehlich gewesen / damit gezieret / mit singen Gott gelobet vnnd gepreyset / Darumb sich auch die heyligen Propheten / Könige vn̄ Regenten / sonderlich der Musiken / das sie Gottes genad vnnd wunder rhümen möchten mit Gesengen vnnd Lieder tichten / dem volck vorzusingen / geflissen haben / Wie denn Jesus Syrach anzeiget: Sie haben land vnd leut regiert mit rath vnd verstandt der schrifft / Sie haben Musicam gelernet / vnnd geystliche Lieder geticht / 2c.

Der berhümbte Phylosophus Pytagoras / hat diese Kunst von den Egyptern studiert / vnnd wirdt darum̄ Inuentor Musicæ, ein erfinder der Kunst Musica genant / das er die Musica in Griechenland bracht / den rechten brauch eröffnet / inn zal vnnd regel gefasset / vnnd andere die Kunst gelernet hat.

Es haben auch die Griechen jre jugend mit allem fleyß die Musicam zu studiern gehalten / vnd welcher bey jhnen Musicam nicht studiert oder veracht/ ist für vngelehrt vnnd zu andern Künsten vntüchtig geacht worden. Aber hernachmals ist auch diese Kunst bey den Griechen in mißbrauch kommen/das die Römer Musicam weniger geacht/ dieweil sie gesehen/ das sie auff den Theatris zur leichtfertigkeyt vnnd ander vnart gebraucht/ Das sie Hystriones/vnfleter/vnd andere leichtfertige/ gottlose schandlappen Musicos genennet haben. Denn das ist der Welt lauff/je herzlicher etwas an jhm selber ist/je schendlicher man es mißbraucht/Brauchet man doch noch jetzund dise schöne vñ Götliche Kunst/zu aller schand vnnd vnart. Wie hat sie so lange zeit des Bapsts Kirchen müssen schmücken vnd zieren? Vnnd stehet noch des teuflischen Bapsthumbs gantzer Gottesdienst in lesen vnd singen/ Damit sie doch Gott lestern/ verhönen vñ verspotten. Damit aber die Jugend vrsach

A iij   habe

habe/die schöne kunst Musicam lieb
zu haben/vmb des mißbrauchs wil=
len nicht verachte/sondern mit lust
lerne recht brauchen/zu Gottes lob
vnnd ehr/hab ich diese deutsche Mu=
sica vnnd gesangbüchlin/darinn die
Euangelia inn deutsche Reim ge=
sangsweiß gefasset/welches etwan
mein günstiger HErr vnnd guter
Freund/Martinus Agricola selt=
ger gedechtniß/ein berümbter Mu=
sicus/für die Schulkinder der alten
Stat Magdeburg/mit fleyß vber=
sehen/nach meinem vermögen ge=
bessert/vnd in offenen druck wöllen
kommen lassen/Nicht der meinung
das wir etwas newes oder bessers
wölten herfür bringen/Denn die
Euangelia/Gott sey lob vnd danck
rein/verstendlich vnd wol verdeut=
scher vnd geordnet sein/das sich son=
der zweyffel niemandt vnterstehen
wirdt/dieselbigen besser zu deut=
schen/oder ordnen/sondern das die
jugent/die da muß in Gottes forcht
vnd

vnd guten künsten erzogen werden/ mehr lust die Euangelia zu lesen vnd singen gewinne / dieselben fleissig behalte / nicht müde oder verdrossen werde/Das also Gott durch diese kunst Musica / vnd durch alle seine gaben gepreyset vnnd gelobet werde.

Dieweyl ich denn Hieronyme/ hab vernommen/das du Gotsförchtig seyest/ gute kunst/ die Studia/ Erbarkeyt vnd tugent lieb habest/ so hab ich sonderlich dich mit diesem Büchlein / gleychsam andern zum Exempel dir nachzufolgen/verehren wöllen/Dediciert / vnnd schencke dir diß Büchlin/in guter hoffnung/ du werdest dir meinen fleyß/guten willen vnnd wolmeynung gefallen lassen.

Gegeben auß der Sechsischen Churfürstlichen Schule zu Meyssen/den xxiiij.Septemb.1559.

Wolffgangus Figulus.

A iiij Das

Das erste Capitel der teutschen Musica.

I. Erstlich was Musica sey.
II. Wie sie getheylet wirdt.
III. Was einem/der singen lernen wil/fürnemlich zu wissen.

Musica/ein Kunst des Gesangs/ist nach jhrer gemeinen theilung zweyerley: Choralis vnd Mensuralis.

Choralis heist ein schlechte vnnd gemeine art zu singen/wie man inn Kirchen singet/so der gantze Chor/das ist/die gantze Gemeine/jederman der inn der Kirchen ist/mit singet/wirdt darumb also genent/das die noten/welche man inn diesem Gesang braucht/einfeltig vnnd schlecht/das ist/eine wie die ander/keine kürtzer oder lenger gesungen wirdt.

Mensuralis oder Figuralis/ein artige vnd kunstreiche weiß zu singen/wenn eine nota lenger/vnterweylen auch kürtzer denn die ander/oder wie zuuor gesungen/Vnd wenn jr vil mancherley art vnd stimmen künstlich zusammen singen.

Wir haben aber auff diß mal allein auß der Choral Musiken/die fürnembsten stück vnnd punct/so für die Knaben dienen/hieher verzeichnen vnnd setzen wöllen/darauß sie einen gemei-

gemeinen vnd schlechten gesang leichtlich mögen lernen solmisieren vnd singen/ Vnnd nacheinander/ als nemlich:

I. Von den Clauibus.
II. Vom solmisieren.
III. Von den sechs syllaben.
IIII. Von der art des gesangs.

Diese vier stück muß ein jeder/ der da wil singen lernen/ wol wissen/ vnnd sich fleissig inn denen vben/ sonst wirdt sein mühe vergebens sein.

Clauis/ auff teutsch ein Schlüssel/ heist allhie ein zeichen/ dadurch man einen Gesang singen lernet.

Vox/ heist auff teutsch ein stim oder wort/ ist allhie ein sylbe/ damit man die vnterscheid der stimmen zusammen reimet.

Solmisatio/ heist ein jegliche note oder vnterscheyd/ mit jrer stimmen oder rechten laut singen vnd außsprechen/ nach den sechs sylben.

Tonus/ heist die melodey/ die gantze art des Gesanges.

Von den Interuallis.

Interuallum/ heist ein vnterscheid der menschlichen stimmen/ Also/ das man vnterscheiden kan/ wenn man gröber/ höher/ kleiner/ nidriger singet/ Dieser vnterschid sind sechs am gebreuchlichsten.

A ij   Secunda

Secunda.
Tertia.
Quarta.
Quinta.
Sexta.
Octaua.

Von der Secunden vnd vnisono.

Secunda wirt darumb genandt/das man von einer noten biß zur andern zelet/ hinauff oder herab/das ist/ von der linien zum neheſten ſpatio/hinauff oder herabwarts. Denn allzeit zwo noten machen ein Interuallum/Wen̄ aber zwo noten inn einem ſpatio/oder auff einer linien ſtehen/ ſo iſts nicht ein Secunda/ſondern Vniſonus/darum̄ das die noten gleich ſtehen/ vnd keine hinauff oder herunder ſteyget.

Die Secunda iſt zweyerley Tonus vnnd Semitonus/das iſt volkommen Secunda vnd vnuolkommen.

Von der volkommen Secunda.

Die volkommen Secunda/das iſt/Tonus/ wirdt auff viererley weiß erkandt.

Wenn

Wenn man {ut, re, sol} zur andern {re, noten hin- auff oder herab ins} {mi, fol, la} {ton. ton. ten.}

Von der vnuolkommenen
Secunda.

Die vnuolkommene Secunda/das ist/Semitonus oder Semitonium/wirdt auff einerley weiß erkandt.

Wenn man singet vom {fa} zur nechsten andern ins {mi}

Von der Tertien.

Tertia ist zweyerley: Ditonus/et Semiditonus/Ein volkommene vnd vnuolkommene Tertia.

Von der volkommen
Tertia.

Ditonus heist ein volkommene Tertia/ vnd wirdt auff zweyerley weise erkandt.

Wenn man {ut} zur dritten noten hin- {mi} singet vom {fa} auff oder herab ins {la}

Von der vnuolkommen
Tertien.

Semiditonus heist ein vnuolkomene Tertia/ vnd wirdt auch auff zweyerley weiß erkandt.

Wenn

Wenn man ⎧re⎫ zur dritten ⎧fa
singet vom ⎩mi⎭ noten ins ⎩sol

Von der Quarten.

Ein gebreuchliche vnd volkommene quart wirdt auff dreyerley weiß erkandt.

Wenn man   ⎧vt⎫ zur vierdten ⎧fa
singet vom ⎨re⎬ noten ins   ⎨sol
           ⎩mi⎭   ⎩la

Von der Quinten.

Ein gebreuchliche vnd volkommene quinta/ wirdt auff viererley weiß erkandt.

Wenn man   ⎧vt⎫   ⎧sol
singet vom ⎨re⎬ zur fünff=   ⎨la
           ⎨mi⎬ ten noten   ⎨mi
           ⎩fa⎭   ⎩fa

Von der Sexta.

Sexta ist zweyerley: Tonus Diapente/ et Semitonium Diapente/ ein volkommene vnd vnuolkommene Sexta.

Von der volkommene Sexten.

Die volkomene Sexta/ das ist Tonus Diapente/ wirdt auff dreyerley weiß erkandt.

Wenn man   ⎧vt⎫ zur sechsten ⎧la
singet vom ⎩re⎭ noten ins   ⎩mi

Von

Von der vnuolkommenen Sexten.

Die vnuolkommene sexta heißt Semitonus Diapente/vnd wird auch auff zweyerley weiß erkandt.

Wenn man (mi) zur sechsten singet vom re noten ins   ffa / fa

Von der Octauen.

Octaua ist das aller lieblichste vnd leichteste interuallum/wirdt auff sechserley weiß erkandt/wenn man von einer noten hinauff oder rab zelet oder singet/biß zur achten/ nach den sechs syllaben/vt/re/mi/fa/sol/la. Diese interualla muß ein jeder fleissig lernen/denn es kan kein Gesang on dise interualla weder geschrieben noch gesungen werden.

Das ander Capitel.

I. Von den Clauibus.
II. Wie einer vom andern vnterschieden wirdt.
III. Wie der Gesang vnnd die sylben durch die Claues erkandt wirdt.

Clauis ist ein Musicalisch wörtlin/ heißt ein Schlüssel/durch welche der Gesang/gleich als

als ein schloß/durch einen rechten schlüssel auff
geschlossen vnd eröffnet wirdt. Vnd dieser Cla
ues sind im gemeinen brauch zwey vnd zwen
tzig/welche von wegen der Instrumentischen
Tabulatur/ vnnd dergleichen Buchstaben/ die
sich allezeit in der Octaua begeben/mit dreyer
ley vnterschied werden/ wie folget/geschrieben.

Von den vntersten.

Der vntersten sind achte/ vnnd werden
mit grossen Buchstaben geschrieben/also:

rut	Are	♮mi	Cfaut
1	2	3	4
Gsolre	Elami	Ffaut	Gsolreut.
5	6	7	8

Von den mittelsten.

Der mittelsten sind auch achte/vnd wer
den mit kleinen Buchstaben geschrieben/also:

alamire	bfa	♮mi	csolfaut
1	2	3	4
dlasolre	elami	ffaut	gsolreut.
5	6	7	8

Von den obersten.

Der obersten sind sechse/vnnd dise wer
den

den mit zweyfachtigen Buchstaben geschrie
ben/also:

aalamire	bbfa	♮♮mi
1	2	3
ccſolfa.	ddlaſol	eela.
4	5	6

Von den vier gezeichenten Cla￭
uibus/das iſt/die man allzeit vorn
an ſetzt/in eim jeglichen
geſange.

Es ſind vier Claues von den andern ab￭
geſondert / welche man pflegt im anfang oder
vor dem anheben der noten zu ſchreiben/ dar￭
auß lernet man die andern erkennen/ wie ſie den
auch ordenlich nach einander folgen. Vnd iſt
hie nicht von nöten/das man vrſach anzeyge/
warumb dieſe art/das iſt/das man nicht auff
ein jegliche linia vnnd ſpatium / ein beſondern
Clauem zeichnet oder ſchreibet/gebreuchlich ſey.
Vnd es ſollen ſich die Kneblin in diſer nachge￭
ſchriebenen figur oben vnd verſuchen/das ſie
ein jeglichen Clauem auff der linien vnnd ſpati￭
en/durch die gantze Scala zu finden wiſſen.

Dieſe

Diese sind am gebreuch-lichsten.

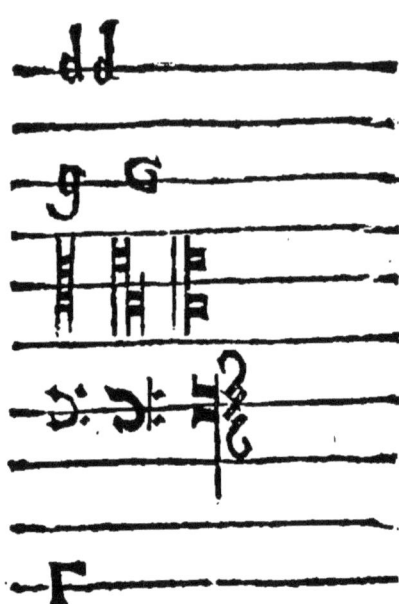

Ein kurtze erklerung von der Scala.

Scala ist ein Figur/ wie ein Leyter zuge=
richt (denn scala im deutschen heist ein leyter)
durch welche die menschliche stimme/ nach an=
weysung der Claues vnd noten des Gesangs/
von einer linien zur andern/ oder einem spacio
zum andern/ gleichsam der leib auff einer rech=
ten leyter/ von einem sprossen zum andern/ auff
vnd nider geleitet wirdt. Vnd sollen die Knebe
lin

lin gar eben mercken/dieweil sie ist das funda‑
ment der Musiken/vnnd ohn sie kein Gesang
künstlich oder recht gesungen wirdt/das sie ein
seglicher gantz fleissig außwendig/vnd verste‑
hen lerne/wie hernach folget:

		ee	la			
	Dise sechs	d d	la	sol		
	heissen die	c c	sol	fa		
	gedoppel‑	b b	fa	♮ ♮	mi	
	ten.	a a	la		mi	re
		g	sol	re	ut	
		f	fa	ut		
	Dise acht	e	la	mi		
Die Cla‑	heissen die	d	la	sol	re	
ues der	kleinen.	c	sol	fa	ut	
gantzen		♮	mi			
scala sind		b	fa			
dreyerley.		a	la		mi	re
		G	sol	re	ut	
		F	fa	ut		
	Dise acht	E	la	mi		
	heissen die	D	sol	re		
	grossen.	C	fa	ut		
		♮	mi			
		A	re			
		Γ	ut			

Das dritte Capitel.

I. Von den sechs syllaben / dadurch ein jeglicher gesang gelernet / vnd gesungen wirdt.

II. Von den Noten vnnd jrer bedeutung.

III. Erklerung des gantzen Capitels / mit Regeln / vnterrichtung vnd Exempeln.

Von den sechs syllaben.

Diß wörtlin vox / hat nicht einerley deutung / Denn es heist vnterweylen ein wort / vnterweylen auch ein volkomene rede oder sententz / Es brauchens auch die Grammatici für die syllaben / oder termination eines jeglichen worts / Aber in der Musica ists vnd heists allein ein syllabe / dadurch die interuallen / dz ist / die vnterschied des Gesangs / gleichsam die wort im lesen / durch die Buchstaben zu hauff gelegt / vnd buchstabiert werden / Vnd der syllaben sind sechs: vt / re / mi / fa / sol / la.

Diese muß man gantz wol / wie sie nach einander herunter vnnd hinauff folgen / lernen mit der stimmen füren. Darnach sein die Tertien / Quarten / Quinten / ꝛc. durch jre Secunden leichtlich zu lernen / Vn̄ ist zu mercken / wie zuuor angezeigt / das ein jegliche mit der nech-

sten

sten eine volkommene Secund gibt/ Tonus genant/ Allein das mi vnd fa die macht ein vnvolkommene oder linde Secunden/ Semitonius genant/ Wie im folgenden Exempel wirdt angezeygt.

Von den sechs sylben/ein kurtz Exempel.

Die erste stimme.

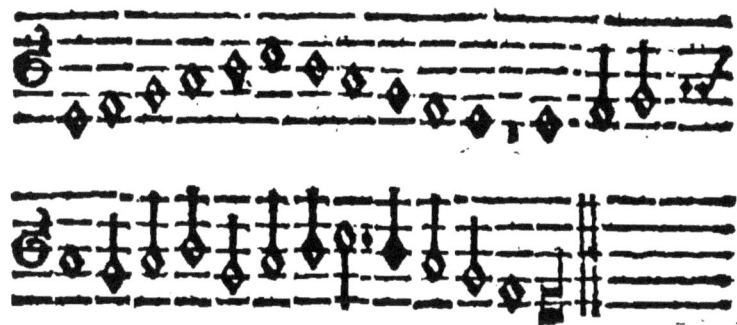

Die ander stimme.

B ij   Erste

Erklerung dieses Exempels.

Inn diesem Exempel sollen die Kneblein acht haben/was zuuor von den Clauibus/ das ist/von den zeichen/vnnd von den interuallen/ das ist/von den vnterschieden der stimmen gesagt ist/vnnd wie sie die sechs sylben ordentlich nach einander zelen vnd applicieren sollen.

Erstlichen stehet der Clauis G. auff der dritten linien/der zeiget an/das man auff der vntersten linien muß singen die sylbe/vt im folgenden spatio/re.auf der andern linien/mi. im folgenden spatio/fa. auff der dritten linien/sol. im folgenden spatio/la. Also auch im raber singen.

Die noten (in diesem Exempel) wiewol sie auß der mensural Musica/vnd nicht in die gemeine art zu singen gehören / sind sie doch fast leicht/vnd auch gebreuchlich inn der Choral Musica/Darumb sollen die Kinderlein diesen vnterricht von den Noten wol mercken/vnnd verstehen lernen.

▪ Diese Nota wirdt genandt Breuis.

◆ Dise wirt genandt Semibreuis/ darumb das sie halb so vil gilt als die vorige.

♩ Diese wirdt genandt Minima /darumb das sie der vierdte theil ist der ersten.

♩ Diese wirt genandt/Semiminima/darumb das sie ist

der

der $\begin{Bmatrix}8\\4\\2\end{Bmatrix}$ theil diser $\begin{Bmatrix}\sharp\\\diamond\\\phi\end{Bmatrix}$ Noten.

Diese Nota $\begin{Bmatrix}\sharp\\\diamond\\\phi\\\blacklozenge\end{Bmatrix}$ gilt $\begin{Bmatrix}2\text{ schlege.}\\1\text{ schlag}\\\tfrac{1}{2}\text{ schlag.}\\\tfrac{1}{4}\text{ schlags.}\end{Bmatrix}$

B iij Folget

Folget ein Exempel.
Die erste stimme.

Die

Die ander stimme.

B iiij   Das

Ein vnterricht von
den puncten.

Wenn einer Noten ein pünctlein ♩ wirdt
zugesetzt/bedeut das pünctlein in disem signo/
halb so viel als die nota. Als ♩. hie bey dieser
noten gilt der punct halb so viel als die nota/
das ist ein ○ brewis/also auch mit den andern.
Ein pausa gezo ⎡andern⎤   ⎡2. schlege.
gen von einer ⎢   ⎥gilt⎢
linien zu der   ⎣dritten⎦   ⎣4. schlege.

Ein pausa ge ⎡herunder⎤   ⎡gantzen⎤
zogen von ei:⎢   ⎥gilt ⎢   ⎥
ner linien inn⎢   ⎥ein ⎢   ⎥tact.
das spacium ⎣hinauff ⎦   ⎣halben ⎦

Von der repetierung der
sechs syllaben.

Dieweyl/wie gesagt/ allein sechs sylben
sein/darmit man nicht mehr denn eine sextam
im solmisieren erlangen mag/vnnd die gesang
offt ein septima/octaua/ oder weyter in die hö=
he oder nidersteygen/welche wir in keinem we=
ge darmit/es sey denn das ein zusatz geschehe/
oder repetierung erlangen mögen. Auff das nu
allerley gesäng allein mit demselbigen solmisirt
werde/so muß man sie an jren gebürlichen or=
ten der scale repetieren/vnd also eine in die an=

der

der in einerley laut verwandeln/wie oben in
der Scala/vnd folgend wirdt gemeldet.

Vom solmisieren/
Das dritte Capittel.

Solmisatio ist nichts anders/denn ein
buchstabierung vnd zu hauff legung der interuallen des gesangs/ durch die sechs sylben/ vt/
re/mi/fa/sol/la/vnd das geschicht/ wenn man
den gesang darmit singet. Es sol aber ein jeglicher/der da wil recht vnd leichtlich singen lernen/ die vier folgende stück gantz fleissig mercken.

Vom ersten.

Zum ersten die Scala / das ist / was für
Claues/syllaben/ vnd vnterschied die linien vñ
spatia auff sich haben/vnnd zu dem muß man
die Claues/wie sie in der Scala ordentlich verzeychent/ herunter vnnd hinauff gantz fertig
außwendig wissen.

Vom andern.

Zum andern/wie die sechs sylben im auff
vnnd nidersteygen/nach den vnterschieden erkandt vñ gesungen werden. Vnd zu dem muß
man die vnterschied oder interuallen/wie sie or-

B v   dent

deutlich ein jegliches nach seiner art erkandt
wirdt/auch wol wissen.

Vom dritten.

Zum dritten: Diese beyde Claues oder zey
chen/b. in dem singet man allzeit fa/vnd ♮ inn
dem/das ist/wo dz gesetzt oder gezeichnet ist/
singet man allweg mi. Daher auch der gesang/
darinn diß zeichen b gesetzt wirdt/der bemol/
das ist/der weyche gesang/ vnd wo diß gesetzt
♮ oder aussen gelassen (deñ man pflegt es nicht
zusetzen) der ♮ dur/das ist/der harte gesang ge
nandt wirdt.

Vom vierdten.

Die beyde sylben re vnnd la/Nemlich/wo
re im auffsteygen/ vnd la im nidersteygen des
gesangs gesungen wirdt/ Wo das geschicht/
werden sich die andern sylben wol finden/vnd
kein gesang zu hoch oder zu nider gehē/ er wird
in den folgenden zwo Regeln/welche fürnem=
lich nötig zu wissen / auffs kürtzt vnd verstend=
lichst eröffnet/wie folget.

Vom ♮ dural gesang.

♮ dural gesang ist/in welchem die hohe syl=
be mi/im Claue b. gesungen wirdt/ Vnd wirdt
wie oben gemelt / am anfange des gesangs/
durch abwesen aller zeychen / oder zu zeyten/
durch

durch die verzeichnuß des viereckichten ♮ zu
nechst unter dem Claue c. erkandt/ Dauon soll
diese folgende Regel fleissig gemerckt werden.

Die erste Regel.

Im ♮ dural gesang d. a. gibt re hinauff/
Durch la im a. e. nider lauff/
Also in jren Octauen thu/
So wirst du recht singen spat vnd fru.
Steigt der gesang nur ein secund vber la/
So gibt die secund gemeinglich fa.
Wie dir diß Exempel zeyget an/
Das sag ich dir on allen argwahn.

Ein Exempel mit dreyen stimmen.

Te. In diapason post tem.

Die dritte stimme.

Ein

Ein ander Exempel mit zweien stimmen.

Von verendrung der sechs sylben.

Der erste Discant.

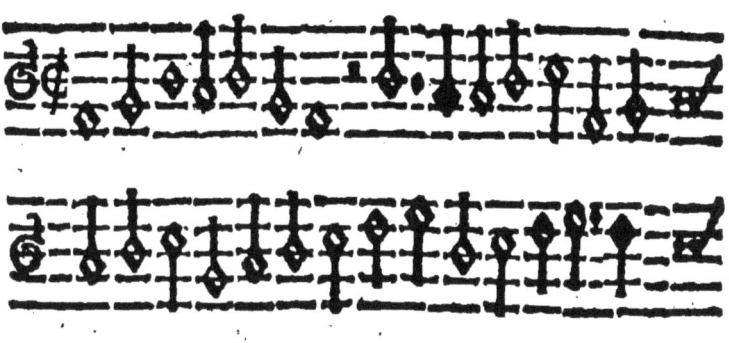

Der ander discant.

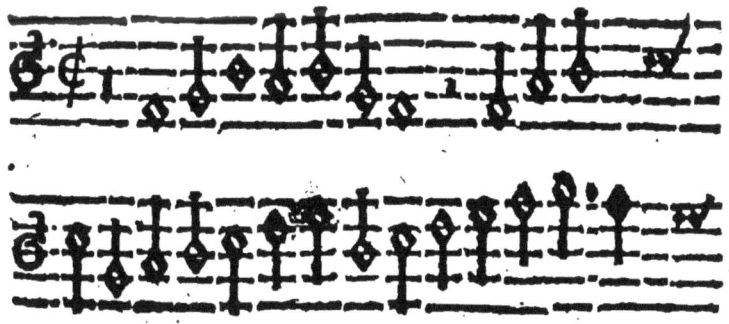

Vom bmolgesang.

Bmol gesang wirt genandt/da die nidrige oder linde sylbe fa im Claue b wirdt gebraucht/ vnnd sein zeichen ist am anheben des gesangs des keulichte b an seinem ort gesetzt/ von welchen mercke dise folgende Regel.

Die ander Regel.

B mol re im d. g. hinauff begert/
Vnd durch la in d. a. niderfehrt.
Diese zwo Regel gantz wol bewar/
So wirt dir kein gmein gsang zu schwär/
Mit den sechs sylben zu füren/
Vnd gantz künstlich solmisieren.
Das sey dir gesagt mit gantzen trewen/
Mercks/glaub mir es wirt dich nit rewen.

Eine sicherung.

Wo aber keine nota an dem ort/da re hinauff/ oder la im nidergang genommen wirdt/ erschiene/ so solmisiere (wenns not thut) vom ledigen re in die höhe/oder vom la hernider biß auff die nota/welche du wissen wilt/was denn für ein sylbe darauff kompt/die sing. Derhalbē begibt sichs offte/das in quarten/quinten/vnd octauen/ von einer sylben zur gleichen ein fall geschicht/wie man in Exempeln befindet/ vnd solches soll fleyssig bey den zwo sylben mi vnnd fa ge-

fa/gemerckt werden/Denn es begibt sich offt/
das in den berürten drey modis oder interual-
len/auch wider des gesanges art/vom fa zum
fa/vom mi zum mi/gesungen wirdt/vnnd das
geschicht darumb/auff das die verbotten inter-
uallen/als Tritonus/Semidiapente/Semidia-
pason/welche sich zum gesang nicht schicken/
vermieden werden

Von den Octauen/
ein Lere.

Auch merck allhie gar eben
Die lehr/welche ich dir wil geben/
Von den Octauen wie ichs mein/
Das sie in allem thun gleich sein.
Drumb г. G. A. a. B. vnd b.
Cc. vns cc. D. dd. vnd D.
Auch ee. mit c. das merck gar eben/
Die Exempel dirs zeigen werden.
Wie man singt sol/re/ut/in g.
Also im г wie ichs versteh.
Vnd wie la/mi/re/ a. begert.
Also auch A. des biß gewert.
Desgleichen wern die andern gschatzt/
Diß sey von der Octauen geschwatzt.

C   Ein

Ein ander Exempel vom Bemol gesang mit zwo stimmen.

Fuga in unisono.
Die erste stimme.

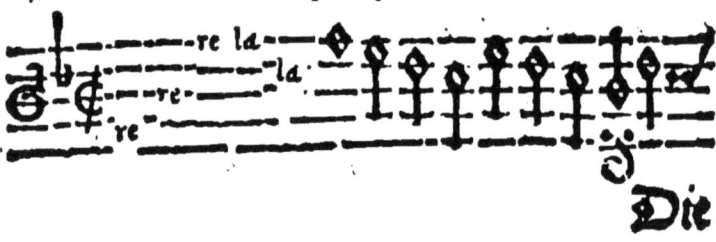

Die ander stimme.

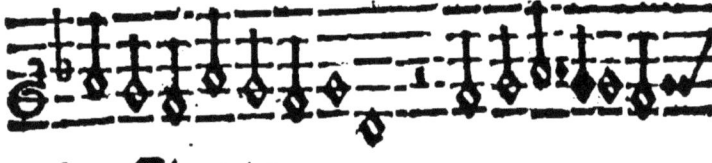

Ein ander Exempel mit zweyen stimmen.

Die erste stimme.

Die ander stimme.

C iij　　Von

Von der verenderung der Clauium.

Vber das alles ist allhie zu mercken/ das die gezeichenten Claues / vnter weylen / von mangel wegen der linien/von einer hohen oder nidrigen linien / auff ein ander Linia gesetzt werden/ Dauon mercke dise folgende Regel:

Wie hoch der Schlüssel auff thut steigen/
So weit sich die noten abneygen.
Welche nach jm balde gehen/
Von der stedt da sie in stehen.
Vnd wie vil er herunter felt/
So hoch werdn sie hinauff gezelt.
Wie diß Exempel wirdt lehren/
Merck so bestehest du mit ehren.

Die

Die erste stimme.

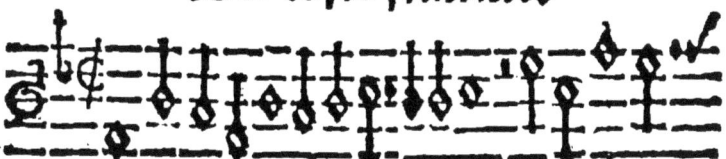

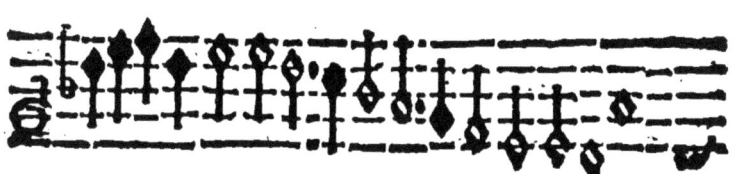

Die ander stimme.

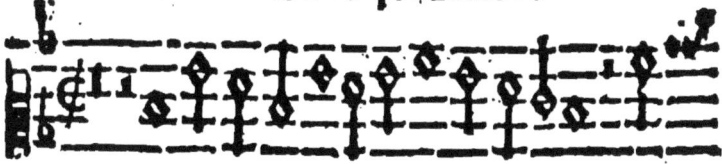

C iij　Die

Die erste stimme.

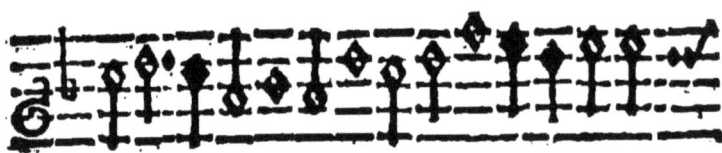

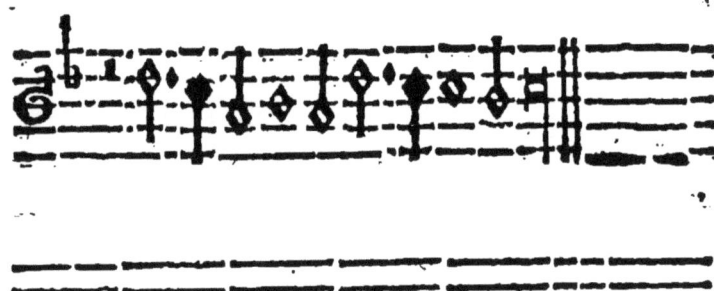

Die ander stimme.

C ij   Der

Der XXIII. Psalm/
mit dreyen stimmen/ Für die kindlein componiert/ artig zu singen.

Der erste Discant.

Er Herr ist mein hirt/ mir wirt nichts mangeln mir wirt nichts mangeln. Er weydet mich auff einer grüne awen.

Die ander stim des XXIII. Psalms.

Der Herr ist mein hirt/ mir wirt nichts

nichts mangeln. ij

Er weidet mich auff einer grünen aw-

Die dritte stimme des XXIII. Psalms.

Der H. ist mein hirt/mir wirt nichts man-

geln. ij Er w. mich auff

grüner awe, ij auff grüner
awe/

Die erst stimme.

auff einer grünen awe/ vnd fü=
ret mich zum frischen waſ=
ſer. Er erquicket mein Seel/ vnd

Der ander Discant.

awe/ vnd füret
mich zum friſchen waſ=
ſer.

ser. Er erqui-

Die dritte stimme.

awe/ ij vñ füret mich

zum frischen was-

ser. Er erquicket meine seel/ vñ

füret

Die erst stimme.

füret mich vnd füret mich zum fri=schen wasser vmb seines Na=mens wil len.

Die ander stimme.

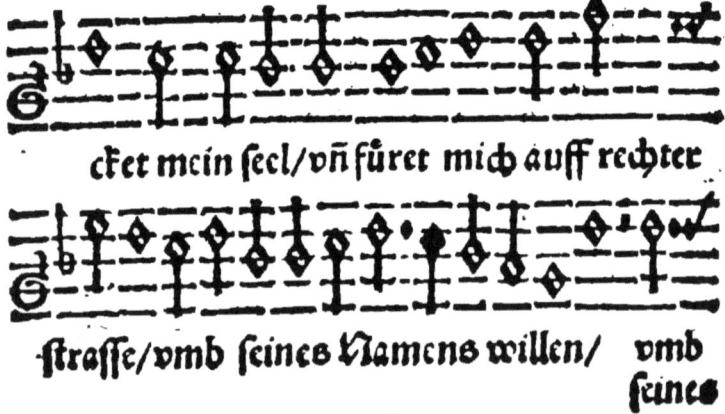

cket mein seel/vñ füret mich auff rechter strasse/vmb seines Namens willen/ vmb seines

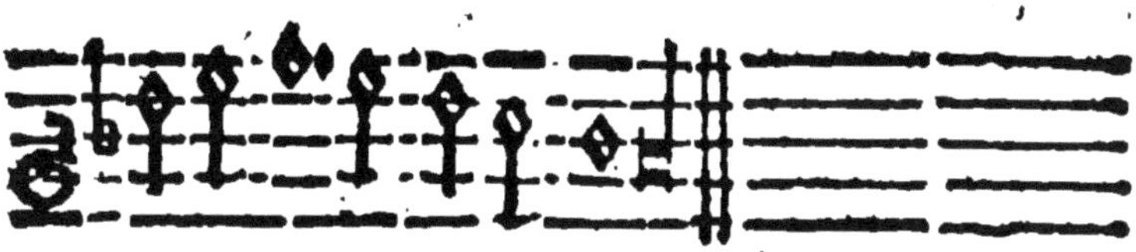

seines namens willen.

Die dritte stimme.

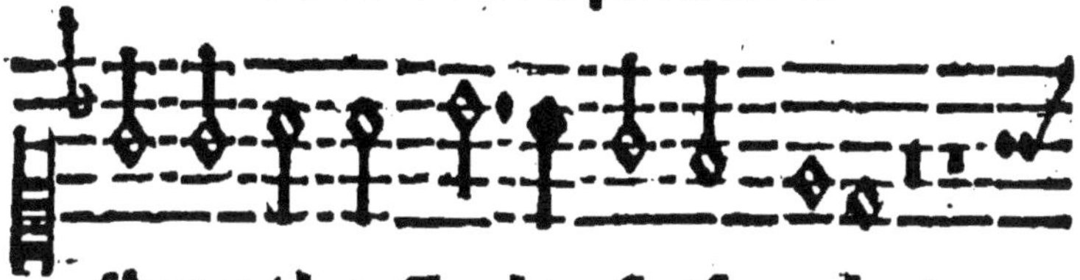

füret mich auff rechter stras sen/

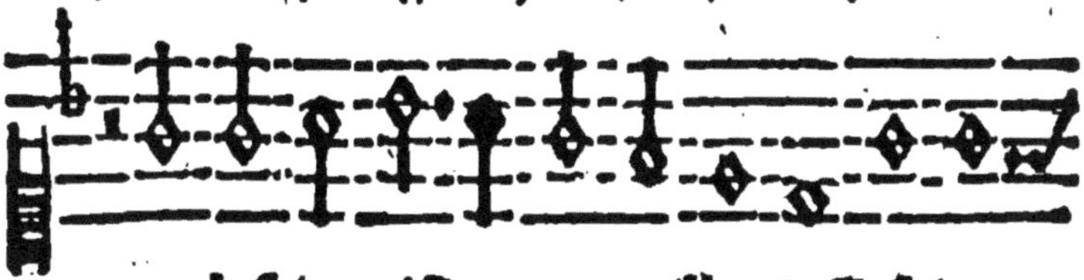

vmb seines Namens willen/ vn̄ seines

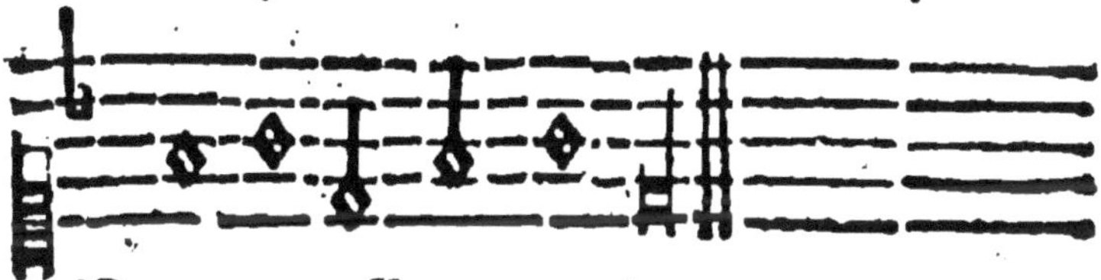

Namens willen.

Der

Der ander theyl.

Der erst discant.

Vnd ob ich gleich wandlet im finstern thal/ ij förcht ich kein

Der ander theyl des XXIII. Psalms.

Vnd ob ich gleich wan=
delt

delt im finstern thal/ fördht ich kein

vnglück/denn du bist

Die dritte stimme.

Vnd ob ich gleich wandelt im finstern

thal/vñ ob ich gleich wan. im finstern

thal/förcht ich kein vnglück/

Denn

mich. Du bereitest für mir.

Die dritte stimme.

den du bist bey mir/ Dein steckē vñ dein

stab trösten mich. Du bereitest für mir

einen tisch/du bereytest für mir

einen

Die erste stimme.

gegen meinen fein den/ ge-

gen meinen fein den. Du salbest mein

haupt mit öle/ vnnd schenckest mir vol

Die ander stimme.

ei nen tisch gegen meinen fein=

den. Du salbest mein haupt mit öle/
vnd

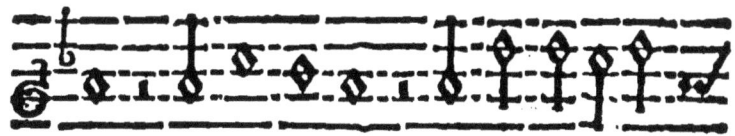

vñ schenckest mir vnd schenckest mir

Die dritte stimme.

mir einen tisch gegen meinen fein-

den/ du salbest mein haupt mit öle/ vñ

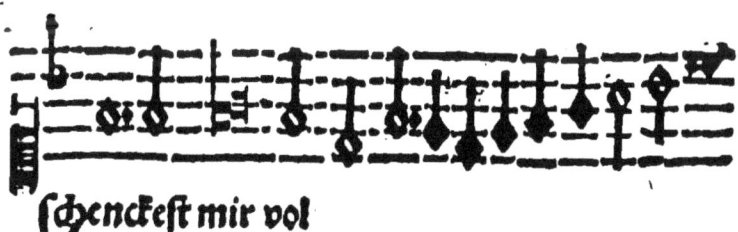

schenckest mir vol

D iij ein/

ein gutes vñ barmhertzigkeit/ werden

mir vol   gen mein leben=

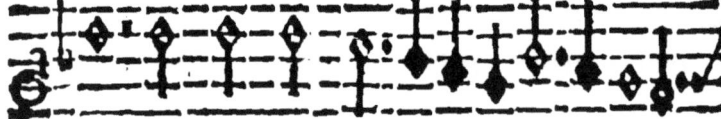

lang/vnnd werde bleyben bley=

Die ander stimme.

voll ein gutes vnd barmhertzigkeit

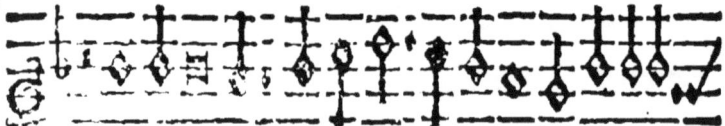

werden mir sol   gen mein leben=
                              lang/

lang. vnd werde bleyben bleyben

Die dritte stimme.

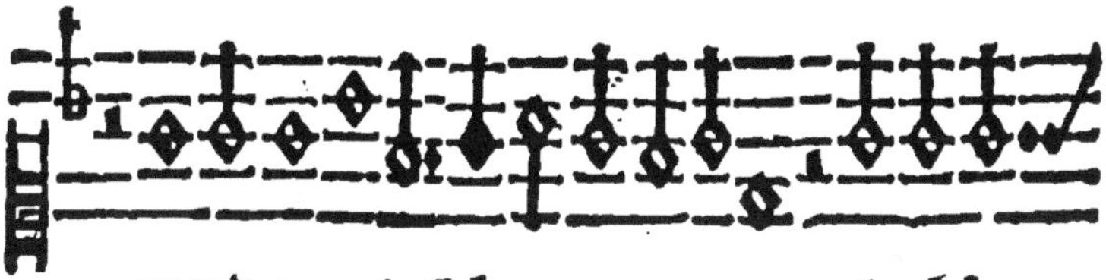

ein gutes vnd barmherßigkeyt

werden mir fol gen mein lebens

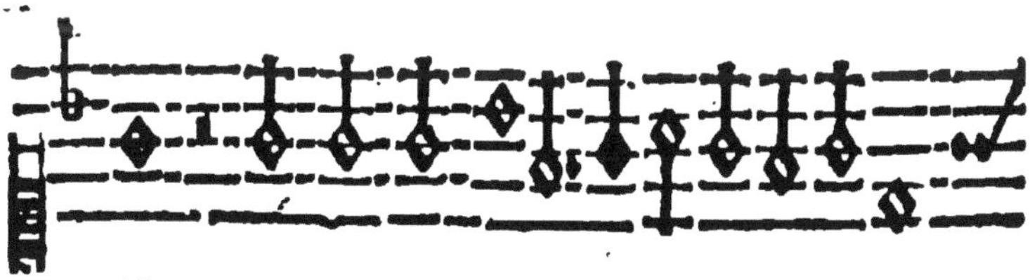

lang/vnd werde bley ben

D iiij im

ben; im hauß des Her ren/

im hauß des Herren

immer dar.

Die ander stimme.

im hauß des Her ren/ ij.

im hauß des Herren

immer

immer dar.

Die dritte stimme.

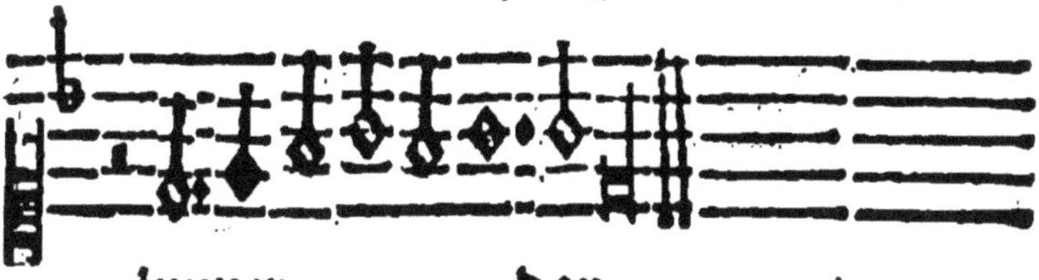

im hauß des Herrn/ im hauß des Her ren/ im hauße des Herren immer dar.

D ij Das

Das Benedicite zu singen für die Kinderlein mit zweyen stimmen.

Allmechtiger gütiger Gott du ewiger Herr Zebaoth. Aller augen warten auff dich/ vnd du speist sie gewaltiglich.

Die

Das Gratias mit zweyen stimmen.

Die erste stimme.

Dancket dem Herrn denn er ist sehr freundlich/ vnd seine güt vnd warheyt bleibet ewiglich.

Die

Die ander stimme.

Dancket dem Herren denn er ist sehr freundlich/ vnd seine güt vnd warheit bleybet ewiglich.

Eia

Ein ander melodey das Benedicite zu singen / mit zweyen stimmen / für die kinder.

Almechtiger güttiger Gott / du

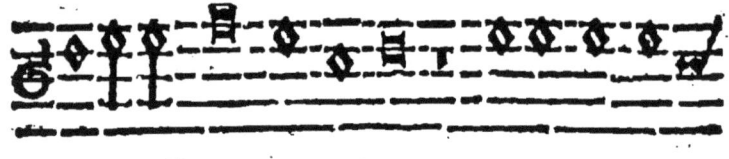

ewiger Herr Zebaoth.　　Aller augen

warten auff dich / vnd du speysest sie

gewaltiglich.

Die ander stimme.

Almechtiger ewiger Gott/ du ewiger Herr Zebaoth. Aller augen warten auff dich/ vnd du speysest sie gewaltiglich.

Ein

Ein ander melodey das Gratias zu singen/ mit zweyen stimmen.

Die erste stimme.

Dancket dem Herrn/ denn er ist sehr freundlich/ denn seine güt vnd warheyt bleibet ewiglich.

Die